금은 독해법

시험문제의 영어지문, 국어지문을 빠르게 읽는 법
초고속 초간편 영문도서 독해

주어동사를 잡을 때 장애물이 등장하는데, 이 장애물만 주의하면 된다.
이 장애물은 주어 다음에 등장하는 구와 절이다.
이것이 문장의 흐름에 혼란을 일으키는 원인이다.

이수지 지음

세상의 모든 일이 그러하듯 영어공부에 있어서도 원리에 대한 이해가 중요합니다

ABCD… 알파벳을 익히는 시간부터 취업을 위해 해외영어연수와 TOEIC 공부까지, 실로 어마어마한 시간을 영어에 투자하고 있는 셈입니다.

이쯤 되면 조금 억울하다는 생각이 듭니다. 대한민국 국민으로 태어나 어엿한 사회인으로 성장하기까지 상당시간을 영어공부에 매달리고 있으니 말입니다.

원리에 대한 이해.

하지 않을 수 없는 영어공부를 가장 효과적으로 재미있게 하는 방법입니다. 원리를 알아야 이해가 빠르고, 학습효율도 높아집니다. 무턱대고 영어단어를 외우고, 문장구조를 암기하듯 익혀본들 모르는 한 가지에 부딪치면 맥없이 무너집니다. 원리를 알고 있으면 단어를 몰라도, 익히 보지 못한 문장이어도 해독이 가능합니다. 그만큼 원리에 대한 이해가 중요합니다.

금은독해법은 원리에 대한 이해를 정리해 놓은 것입니다. 길고 복잡한 문장과 서술구조를 가지고 있는 한글에 비해 영어문장은 의외로 단순한 형태로 구성되어 있습니다. 영어문장에 있어 핵심요소인 주어 · 동사만 파악하면 독해는 이미 팔부능선을 넘은 셈입니다. 결국 문장구조를 파악하기 위해 핵심이 아닌 부차적인 요소에 대한 분리법을 알아야 합니다. 그래야 아무리 복잡한 영어문장도 해석이 가능해집니다. 곧 원리에 대한 이해인 것입니다.

이 책에서는 모두 4개의 장으로 구성되어 있습니다.

1장은 영어문장 원리를 알게 해주는 '독해하기 쉬운 분리독해법'입니다. 영어의 중심문장을 어떻게 파악하는지, 핵심요소를 어떻게 분리해야 하는 지, 또 독해를 하는데 있어 장애물이 되는 대표적인 2가지 요소에 대한 내용을 담고 있습니다.

2장은 '영어단어는 다용도다'라는 장(障)의 이름처럼 시시각각으로 변하는 단어의 뜻과 의미를 제대로 짚어서 독해의 오류를 줄이는 방법을 설명하고 있습니다. 영어단어를 펼쳐보면 물질, 정신, 장소, 시간 등 크게 4가지 의미로 확대되는데, 이에 대한 이해가 중요합니다.

3장은 조금 생소한 말이지만 '5대 접착제'라는 장입니다. 영어문장을 구성하는 필수요소이지만, 독해를 난해하게 만드는 요소이기도 한 5가지 요소들 - 전치사, 동분사 to부정사, 수동태 완료형, 조동사, 관계대명사 - 에 대한 설명을 통해 직독직해로 가는 쉬운 길을 보여주고 있습니다.

특별 부록은 '영어의 발성법과 듣기법'으로 영어를 쉽게 발음하고, 히어링 즉 들을 수 있는 방법을 제시하고 있습니다.

『금은독해법』이 영어원리에 대한 이해를 돕고 보다 발전된 단계로 영어실력을 성장시키는데 도움이 될 것입니다.

끝으로 이 책이 나오기까지 도움을 주신 스승님과 도서출판 시륜에 감사를 드립니다.

영어공부에 매진하고 있는 학도들에게 도움이 되기를 바라면서…

2010년 여름 **이수지**

Contents

CHAPTER 1

독해하기 쉬운 금은독해법

문장형식의 통합

'영어에서 문장의 형식은 5가지다'라고 일부에서 말하지만 통합하면 1가지이다. 즉

주어 + 동사 + 고무줄목적어 : 기본문장

※ 고무줄목적어의 단어수가 0, 1, 2로 변한다.

▶ 5가지 문장형식

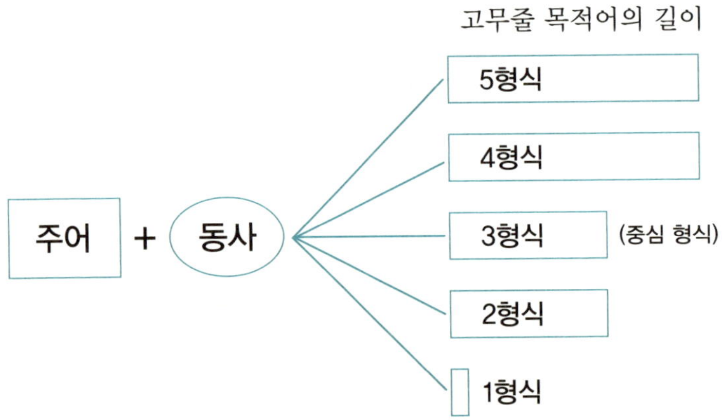

▶ 5가지를 통합하면

주어 + 동사 + 고무줄목적어

주어	동사	고무줄목적어 ~

고무줄목적어의 개수

▶ 1형식 : 목적어 0개

I go.

I	go	

나는 간다.

He is in his room. (전치사는 목적어의 개수에서 제외된다.)

He	is		in his room.

그는 그의 방에 있다.

▶ 2형식 : 목적어 1개

I am **happy**.

I	am	**happy.**

나는 행복한 상태다.

She looks **happy**.

She	looks	**happy.**

그녀는 행복한 상태로 보인다.

▶ 3형식 : 목적어 1개

I like **him**.

I	like	**him.**

나는 그를 좋아한다.

▶ 4형식 : 목적어 2개

He gave **her a book.**

He	gave	**her a book.**

그는 책을 그녀에게 주었다.

▶ 5형식 : 목적어 2개

He made **her happy.**

He	made	**her happy.**

그는 그녀를 행복하게 만들었다.

◉ 4형식 탐구

He gave **her** a book. (**4형식**)

① 영어의 관점에서 그림의 순서대로 표현하면 사람이 물건을 상대방에게 가까이에서 줄 때는 시선이 사람을 먼저보고 그다음에 물건을 본다.

He gave her(**누구에게**) + a book(**무엇을**).

② 사람이 물건을 상대방에게 가까이에서 줄 때에 시선이 물건을 바라보면 a book 이 her 보다 먼저 나오고, 주는 사람과 받는 사람사이에 거리가 생기고 전치사가 필요하다.

He gave a book + to her. (3형식)

※ 사람이 우선이 4형식은 '누구에게 주었다'가 강조되고,
물건이 우선인 3형식은 '무엇을 주었다'가 강조된다.

영어나 우리말이나 기본문장은 3단어로 구성되어있다. 기본 문장에 단어가 연결되어 문장이 길어진다. 문장을 길어지게 하는 것이 **'5대 접착제'**이다. 5대 접착제의 핵심은 전치사이다. 즉 만능전치사이다.

주어동사 찾기

주어, 동사를 찾고 그 다음에 고무줄 목적어를 찾는다.

주어	동사	고무줄목적어 ~

● 아래 그림처럼 세 개의 빈 칸을 떠올리면서 영어문장을 독해해보자.

		~

◉ 분리독해법

- 영어문장은 최대9칸의 공간을 가진다.
  그러나 단순화시켜서 7칸을 사용한다.
- 상부의 3칸은 **금**이고 하부의 4칸은 **은**이다.
  이렇게 상부와 하부로 문장을 나누어 학습하는 것을
  '분리독해법 또는 금은독해법'이라고 한다.

주어 + 동사 + 고무줄목적어 + 5대 접착제(주로 전치사)

주어(금)	동사(금)	고무줄목적어(금)	전치사(은)
전치사(은)	전치사(은)	전치사(은)	

[예문]

She with a baby was walking to the park.

She with a baby **was walking** to the park.

- 금과 은으로 나누면

She	was walking		to the park.
with a baby			

그녀는 걷고 있었다.
아기를 데리고 공원을 향하여

※ **그녀는** 아기를 데리고 공원을 향하여 **걷고 있었다.**

[문제] 아래의 문장을 독해하시오.

We spent a couple of days and nights in the house of what would be considered a very poor family.

[풀이]

We spent a couple of days and nights in the house of what would be considered a very poor family.

We	spent	a couple of days and nights	in the house of what would be considered a very poor family.

우리는 두 번의 밤낮을 보냈다.
매우 가난한 가족이라고 생각되어질 것 같은 가족의 집에서

※ **우리는** 매우 가난한 가족이라고 생각되어질 것 같은 가족의 집에서 **두 번의 밤낮을 보냈다.**

찍고 긋고

주어를 정하고 마음속에서 선을 긋는다. 그리고 그 직선상에서 동작이 이루어진다. 이런 상상이 문장의 황금인 '주어 동사'를 찾는 길이 된다.

우리말에는 주어가 없는 문장이 많다. 이것이 영어를 작문(독해)하는데 방해가 된다. 영작 할 때 먼저 주어를 찾고 도장(원)을 찍자. **주어에 도장(원)을 찍자.**

예) 어디 가니? - 주어 찾기 : 너는 어디로 가니?

엄마와 닮았구나! - 주어 찾기 : 너는 너의 엄마와 닮았구나!

작문(독해)을 할 때 우선 중심대상을 정하자. 이것이 주어가 되고 그다음에 순서대로 동사, 목적어를 구성한다. 그리고 세부적인 사항은 주로 전치사로 설명한다. 이런 것이 사물이 존재하는 순서대로 선으로 연결이 된다.

주어동사를 찾는 것은 **'가다'**를 찾는 것이다.

즉 누군**가** 하**다** : ~가(이) ~다.

독해하기 쉬운 분리독해법

분리독해법은 문장의 황금인 '주어, 동사, 고무줄목적어'와 은인 '5대접착제'로 나누는 방법이다. 이 분리독해법를 통해 문장들을 접할 때 독해를 보다 쉽게 할 수 있다.

▣ 분리독해법 사용하기

1. '주어 + 동사 + 고무줄목적어'를 우선 찾는다.

※ 독해하기 어려우면 5대 접착제를 일단 무시하자.

- 5대 접착제 : 전치사, 동분사, 수동태, 조동사, 관계대명사
- 5대 접착제는 단어를 서로 연결하는 기능을 가지고 있다.
  그래서 문장을 길어지게 한다.

※ 독해하기 어려우면 "부사, 형용사"도 일단 무시하자.

주어, 동사만 일단 살피자(♬ 상큼해진다.)

2. '주어+동사+고무줄목적어' 중에서 모르는 단어가 있을 때

1	**주어, 고무줄 목적어가 모르는 단어일 때(명사를 모를 때)**	'어떤 사람, 어떤 것'이라고 해석하고 지나간다.
2	**동사가 모르는 단어일 때**	'어떻게 한다'라고 해석하고 지나간다.

모르는 단어(명사)가 사람이냐, 사물이냐를 접미사를 통해 짐작한다.

(♬접미사 : '~er, ~or, ~ist' 는 사람이다.)

[예문]

She with a baby was walking to the park.

<table>
<tr><td>She</td><td>was walking</td><td></td><td rowspan="2">to the park.</td></tr>
<tr><td>with a baby</td><td></td><td></td></tr>
</table>

● She was walking : 문장의 황금인 이 세 단어를 먼저 해석한다.

그녀는 걷고 있었다.
아기를 데리고 공원을 향하여

※ **그녀는** 아기를 데리고 공원을 향하여 **걷고 있었다.**

She with a baby **was walking** to the park.

※ 위 그림을 보면서 수식어가 구덩이 아래로 내려간다고 상상할 수 있다.
또는 '선이 황금단어는 만나고 은단어는 일단 무시한다.' 라고 생각해도 된다.

[문제] 아래의 문장을 독해하시오.

The weather being fine, I will go hiking instead of studying in the library.

[풀이]

The weather being fine, **I will go hiking** instead of studying in the library.

I	will go hiking		instead of studying in the library. / The weather being fine,

● I will go hiking : 문장의 황금인 이 단어들을 먼저 해석한다.

나는 도보여행하러 갈 것이다.
도서관에서 공부하는 대신 / 날씨가 좋기 때문에,

※ 날씨가 좋기 때문에, **나는** 도서관에서 공부하는 대신 **도보여행하러 갈 것이다.**

2개의 독해법 사용하기

[문제] 아래의 문장을 독해하시오. (hint : 문장의 황금을 먼저 해석하라.)

She isn't so rich that she can buy a house.

[풀이]

▣ 분리독해법(원칙)

독해 시에 긴 문장을 '주어 + 동사 +고무줄목적어'와 '5대 접착제'로 분리한다.

[예문]

She isn't so rich that she can buy a house.

She isn't so **rich** that she can buy a house.

She	isn't	(so) rich	that she can buy a house

※ 분리하여 독해하면

그녀는 (그렇게) 부유한 상태가 아니다.
즉 그녀는 집을 살 수 있을 정도로

※ **그녀는** 집을 살 수 있을 정도로 **부자가 아니다.**

so : 그렇게

that : '그것은'이 아니고 '즉'이다.

can : 집을 산 것이 아니고 살 수 있을 정도, 미실행 상태이다.

▣ 무작정 독해법(특별법)

독해 시에 특별한 경우에 주어, 동사를 찾기 어려운 문장을 대하면, 주어, 동사를 찾지 말고 이해하기 쉬운 단어를 먼저 해석한다.

※ 주어, 동사를 찾기 어려운 문장이란?

① 주어 또는 동사(특히 be동사)가 생략된 경우

② 주어 또는 동사가 2개 이상의 품사로 쓰이는 단어 인 경우

③ 주어가 여러 단어인 경우 등

– 한 순간에 자연스럽게 이해하기 어려운 단어는 일단 무시한다.

– **문장속의 확실한 것을 취하고 불확실한 것을 일단 무시한다.**

한 단어만 알아도

긴 문장 속에서 모르는 단어가 있다하더라도 문장의 요점 또는 일부의미를 파악할 수 있다.
'모든 단어를 다 알아야 독해를 할 수 있다'는 생각에서 벗어나야 한다. 한 단어만 알아도 도움이 된다.

독해의 장애물 2가지

주어동사를 잡을 때 장애물이 등장하는데, 이 장애물만 주의하면 된다. 이 장애물은 주어 다음에 등장하는 구와 절이다. 이것이 문장의 흐름에 혼란을 일으키는 원인이다.

영어의 주어 동사는 문장의 앞에 있는 것이 원칙이다.
그런데 문장의 앞에 가끔 끼어드는 것이 있다.
이것이 **과거분사와 형용사** 이다.
이 문장 속에 '관계대명사 + be동사'가 숨어있다는 것을 알아야 한다.

[문제] 아래의 문장을 독해하시오.

The student called Bill liked her.

[풀이]

▣ 명사 + who(which) + be 의 생략

① 끼어드는 과거분사(형용사)

주어 + 과거분사(끼어들기) + 동사 + 목적어

※ 앞 동사가 과거분사일 때가 혼란스럽다

The student called Bill liked her.

위 문장의 밑줄 친 부분의 해석을 ①번, ②번 순서대로 적용해보자.

❶ **~했다(과거형이냐?)** : 그 학생은 빌을 불렀다.

❷ **~당했다(과거분사냐?)** : 그 학생은 빌이라 불림을 당했다.

※ **분리독해 하면**

The student (who was) called Bill **liked her.**

그 학생은 그녀를 좋아했다.
그 학생은 빌이라 불림을 당했다.

※ 빌이라고 불리는 **그 학생이 그녀를 좋아했다.**

※ 5형식의 능동태, 수동태

- 능동태 : They called the student Bill.
- 수동태 : The student was called Bill by them.

② **끼어드는 과거분사(형용사)**

Birds high up on the trees sing.

Birds high up on the trees **sing.**

Birds (which are) high up on the trees **sing.**

새들은 노래한다.
새들은 나무 위의 높은 곳에 있다.

※ 나무 위의 높은 곳에 있는 **새들은 노래한다.**

▣ 부분부정

▶ 형용사 우선부정의 원칙

be 동사가 있는 문장에 형용사가 있으면, 부정어는 형용사를 우선 부정한다. 그러나 전체를 나타내는 부사가 같이 있을 때는 부사를 우선 부정한다. 이것을 **부분부정**이라 한다.

▶ 부분부정 : 문장의 일부분을 부정한다.

부분부정은 문장에서 부분적으로 부정의 뜻을 나타낸다. 부분부정을 표현하기 위해서는 "부정어(not)와 전체를 나타내는 부사"를 함께 쓴다.

부분 부정 : not + all, every, always 등

The rich are <u>not always</u> happy. (부분부정)

❶ 부자들은 행복하다, <u>항상은 아니다.</u> (안 + 항상) - 옳음(○)

※ 항상을 부정한다 : 부분부정 ※ 부자들은 항상 행복한 것은 아니다.

❷ 부자들은 항상 <u>행복하지 않다.</u> (안 + 행복한) - 틀림(×)

▶ 전체부정 - 문장의 전체를 부정한다.

The rich are <u>never happy.</u> (완전부정)

부자들은 절대로 행복하지 않다.

분리독해법의 2가지 장애물

1. 명사 + [관계대명사 + be]의 생략 2. 부분부정

독해의 2가지 장애물을 기억하는 법

: 관계비(관계대명사,be동사)는 숨어 있고 부분이(부분부정)는 분수에 넘친 행동을 한다.

이정표로 주어찾기

▶ 이정표

고속으로 독해하면서 문장 속에서 '주어 +동사'를 찾을 때 **관사, 지시대명사, 전치사**가 이정표가 된다. 이 3가지는 수가 적고 간단하고 위치가 일정하기 때문에 기준점으로 삼으면 된다.

이정표 : a, an, the, this, that / in, to 등

- 관사, 대명사로 주어를 찾으면서,
  독해하기 어려우면 전치사를 일단 무시한다.
- 주어는 명사(대명사)이고 **명사에는 관사가 붙을 확률이 높다.**

▶ 1개의 단어가 동사, 명사로 동시에 쓰일 때

독해 할 때 주어, 동사가 난해한 이유는 1개의 단어가 동사, 명사로 동시에 쓰이기 때문에 난해하다. 이럴 때는

관사, 지시대명사, 전치사가 이정표가 된다.

a, an, the	+	명사	**: 주어가 될 수 있다.**
this	+	명사	※ this + 명사 : 이(형용사)
this			※ this : 이것(지시대명사)
in, to	+	명사	**: 주어가 될 수 없다.**

[문제] 아래의 문장을 독해하시오. (hint : 앞의 세 단어가 중요하다.)

This lists items in alphabetical order like a dictionary.

[풀이]

This lists items in alphabetical order like a dictionary.

This	이, 이것
lists	목록, 목록으로 만들다
item	항목, 조목별로 쓰다
order	순서, 명령하다, 주문하다
like	좋아하다, ~같은

<u>This lists items</u> (in alphabetical order) (like a dictionary).
[황금]

[이것은 목록으로 만든다 –항목을 – 알파벳 순서대로 – 사전처럼]

※ like : 동사, 전치사로 쓰이는 단어다.
여기서의 해석은 '좋아한다'가 아니라 **'~처럼'**이다.

This	lists	items	in alphabetical order like a dictionary.

이것은 항목을 나열한다.
알파벳 순서대로 사전처럼

※ **이것은** 사전처럼 알파벳 순서대로 **항목을 나열한다.**

시제를 선명하게

시제 표시법 : 동사의 시제를 '과거에, 현재에'를 넣어서 표시한다.

- 동사의 과거형에는 : '과거에' 라는 말을 넣어서 독해하자.
- 동사의 현재형에는 : '현재에' 라는 말을 넣어서 독해하자.

※ 특히 be 동사 독해 시에 **'과거에, 현재에'**를 꼭 표시해야한다.

[문제] 아래의 문장을 독해하시오.

She is as good at English conversation as she was.

[풀이]

She is as **good** at English conversation as she was.

She	is	as good	as she was.
		at English conversation	

그녀는 그 만치 영어를 잘한다.
그 만치 그녀가 했듯이

※ 시제표시를 선명하게 하면

그녀는 현재 그 만치 영어를 잘한다.
그 만치 그녀가 과거에 했듯이

그녀가 과거에 영어회화를 잘 했듯이
그녀는 지금도 그 만큼 영어회화를 잘한다.

생략된 문장을 복원 하면 아래와 같이 된다.

She is as **good** at English conversation as she was (good at English conversation).

난해한 구문의 분리독해법

난해한 구문들은 우선 중요한 단어, 즉 주어, 동사를 먼저 찾는다. 그리고 분리독해법에 따라 부수적인 단어들을 해석하면 문장해석은 쉬워진다.

※ She isn't so rich that she can buy a house.

She isn't (so) **rich** (that she can buy a house.)

직역 : 그녀는 (현재에) 아니다 – **그렇게** 부유한 상태
– **즉** 그녀가 살 수 있을 **정도로** – 집을

의역 : 그녀는 집을 살 수 있을 정도로 부자가 아니다.

조동사가 있는 경우와 없는 경우에 뜻이 달라진다.
조동사는 미실행 상태를 의미한다. 즉 추측, 결심이다.

※ He was so excited that he could not speak.

He was (so) **excited** (that he could not speak).

직역 : 그는 (과거에) 이었다 – **그렇게** 흥분한 상태
– **즉** 그가 말을 할 수 없을 정도로

의역 : 그는 말을 할 수 없을 정도로 매우 흥분했다.

so – 그렇게
that – '즉(연관되어)'으로 해석하면 된다.
[역할] : 두 개의 문장을 연관(연결)시켜 준다.

※ 즉 : '곧' 또는 '다시 말하여'

※ She was so exhausted that she could not stand.

She was (so) **exhausted** (that she could not stand).

직역 : 그녀는 (과거에) 이었다 – **그렇게** 매우 지친상태
– **즉** 그녀는 서있을 수 없을 정도로

의역 : 그녀는 서있을 수 없을 정도로 매우 지쳤다.

※ He gave so wise an answer that she burst out laughing.

He gave (so) **wise an answer** (that she burst out laughing).

직역 : 그는 주었다 – **그렇게** 지혜로운 대답을
– **즉**(연관되어) 그녀가 터뜨렸다 –웃음을

의역 : 그는 아주 지혜로운 대답을 했기에 그녀가 웃음을 터뜨렸다.

※ Speak louder so that we can hear you.

Speak louder (so that we can hear you).

직역 : 더 크게 말해라
– **그렇게 하면 즉** – 우리는 들을 수 있을 것이다.
* 들을 수 있는 것이지 들은 것이 아니다.
* 조동사를 사용하여 미실행된 동작을 표현한다.

의역 : 우리가 들을 수 있도록 더 크게 말해라.
– 조동사를 사용하여 미실행된 동작을 표현한다.

so ~ that + 조동사가 있다 : **그렇게** 어떠하다 즉 ~할 수 있다.
(~할 정도로)

so ~ that + 일반동사 : **그렇게** 어떠하다 즉 ~한다.

so that + 조동사가 있다 : **그렇게** 하면 즉 ~할 수 있다.

※ She raised up her arms, so that a bus stopped.

She raised up her arms, (so that a bus stopped).

직역 : 그녀는 팔을 들었다
– **그리고 그렇게 하면 즉** – 버스가 섰다.

의역 : 그는 손을 올렸다, **그래서** 버스가 섰다.

• **콤마(,)의 의미**

1. 그리고
2. 손을 올리고 난 후 잠시 쉬고(쉼표 ,) 버스가 선다.

that 의 두 얼굴, 관계사와 동격

대단한 기능과 접착성을 가지고 있다.

[문제] 아래의 문장을 독해하시오.

The story that she tells is true.

The story that he was an teacher is true.

[풀이]

① **The story** (that she tells ____) **is true.**

※ 문장 속에 빈자리가 있다.

관계대명사 : **that** 그것을

[직역] 그 이야기는 – 그것을 그녀가 말한다 – 사실이다.

[의역] 그녀가 말한 그 이야기는 사실이다.

② **The story** (that he was an teacher) **is true.**

※ 문장 속에 빈자리가 없다.

동격 : **that** 즉(연관된 것은)

[직역] 그 이야기는 – 즉 그가 교사였다 – 사실이다.

[의역] 그가 교사였다는 그 이야기는 사실이다.

so, such

▶ so

She is so beautiful. [그렇게 아름답다] : so + 형용사

He is so kind. [**그렇게** 친절하다]

He is such a kind boy. [**그런** 한 친절한 소년] : such + a + 형용사 + 명사

※ 'a +such' 보다 'such +a'가 발음이 부드럽다.

She is such a kind woman that children like her.

[그녀는 이다 – **그런** 한 친절 여자 – **즉**(연관되어) 아이들이 좋아한다 — 그녀를]

so : **그렇게, 그와 같이**

– 느낌 : 사람(사물)의 성품을 **비유**로 설명한다.

▶ as

He is as tall as Tom. [그는 **그 만큼** 키가 크다 –탐 만큼]

as : **그 만큼**

– 둘을 모아서 사람(사물)의 크기(성질)를 **비교**한다.

시각적이고, 구체적인 영어 문장

영어는 주어 가까이 있는 순서대로 말을 이어간다.
따라서 문장을 분석 할 때도 이러한 원칙을 생각하면서 해석하면 훨씬 쉽게 할 수 있다.

CHAPTER 2

영어단어는 다용도다

영어단어는 다용도다

▣ 용어의 설명

독자들이 이 책에 표현한 용어를 먼저 이해하기 쉽도록 기호를 약자로 표기해 놓았으므로 약자가 의미하는 내용을 반드시 숙지하고 책을 이해하자.

[원] 원리 분석법

영어단어의 기본 원리를 연구하여 영어단어의 느낌을 찾아 분석한 것

[기] 기억법

발음이 비슷한 우리말을 찾아 기억하기 좋게 만든 것.

[다] 다양한 의미

영어 단어 1개가 여러 가지 뜻을 나타내고 있음을 표현한 것.

▣ 영어단어는 크게 두가지 의미를 내포한다.

① 물질적인 의미(구체적인 것, 유형)가 첫째이고 이 물질적인 의미에서

② 정신적인 의미(추상적인 것, 무형)로 확대 된다.

[문제]

cover　‘덮는다’의 정신적 의미는?

stand　‘서다’의 정신적 의미는?

bank　‘둑’의 확장된 의미는?

even　‘평평한’의 정신적 의미는?

[풀이]

cover　물질적 의미인 "어떤 것을 덮는다"에서
'어떤 것을 보호하다(책임진다)'는 정신적인 의미로 확대되었다.

> **※ 어떤 것을 덮어서 보호한다.**
> **덮는다 → 보호하다(책임진다)**

stand　물질적인 의미로는 '서다'이지만 정신적인 의미로 확대되었을 때는 '참다'라는 의미로 확대 되었다.

> **※ 서있으면 다리가 아프고 그것을 참는다.**
> **서다 → 참다**

bank　처음엔 '둑'으로만 쓰이다가 나중에 '은행'으로 확대된 것으로 보인다.

> **※ '둑이 물을 가두고 은행은 돈을 가둔다'라는 뜻이다.**
> **둑 → 은행**

even　'평평한' 이라는 단어의 의미가 '조차도'라는 정신적 의미로 확대되었다.

> **※ 평평하다는 것은 '높이가 같다'는 뜻이고**
> **'너조차도'란 '너도 같은 그룹이다'라는 뜻이다.**
> **평평한(높이가 같다) → 조차도(그룹이 같다)**

아래의 또 다른 단어를 살펴보면서 어떻게 물질적 의미가 정신적 의미로 확대 되었는지 명확하게 이해하자.

post [포우스트]

① 물질적 의미 : 말뚝, 기둥 ② 정신적 의미 : 근무처, 지위

[기] 폭폭 *말뚝을 폭폭 박아라.
[원] 어떤 것이 고정되어 있는 느낌이다.

bloom [블룸]

① 물질적 의미 : 꽃이 피다 ② 정신적 의미 : 번영하다

[기] 벌어지다 *꽃망울이 벌어지다.
[원] 어떤 것이 벌어지는 느낌이다.

sparkle [스파아클]

① 물질적 의미 : 불꽃을 튀기다. 거품이 일다. ② 정신적 의미 : 생기가 넘치다

[기] 스르르 + 팍팍 커진다 *불꽃이 스르르 생기다가 팍팍 커진다.
[원] 갑자기 뭔가가 확산되는 느낌이다.

위에서 예를 든 단어에서 보듯이 영어 단어는 먼저 이미지(그림)로 생각해야 한다. 즉 기본 이미지를 찾고 거기서 다른 의미를 유추해야 이해하기가 쉽다.

영어단어의
①물질적 ②정신적인 의미를 같이 이해하고 학습해야 한다.

또한 영어단어는 품사가 변한다는 점에 주의해야 한다.
그리고 동사는 거의 다 자동사, 타동사에 동시에 쓰인다는 점도 이해하자.

1단어가 최대4가지 의미로

영어 1단어가 최대4가지 의미로 확대된다.
영어단어를 펼쳐보면 **물질, 정신, 장소, 시간**의 4가지의 의미로 확대된다.
이 분류를 적용하면 영어단어의 의미를 짐작하기 쉬워진다.

① 물질 ② 정신 / ③ 장소 ④ 시간

아래의 제시되는 단어를 4가지 의미 중 어느 것에 해당하는지 분류를 시도해 보면 다음과 같다.

way

- **물질적 의미 : 길**

  Will you show me the way? 저에게 길을 가르쳐 주실 수 있겠습니까?

- **정신적 의미 : 방법**

  This is the only way. 이것이 유일한 방법이다.

for

- **장소적 의미 : 곡선으로 향하여**

  the train for Seoul 서울로 가는 열차

- **시간적 의미 : 동안에**

  for the last three years 지난 3년 동안

영어단어는 품사가 변한다

모든 단어는 물질적, 정신적 의미에 동시에 쓰인다. 그리고 거의 모든 동사가 자동사 타동사로 동시에 쓰이고, 어떤 것은 모양의 변화 없이 명사로도 쓰인다. 영어 단어는 품사가 변한다.

* 다용도인 영어단어
1. 물질적의미 + 정신적의미
2. 동사는 자동사 + 타동사
3. 품사가 변한다

for (전치사, 접속사) – 전치사도 되고 접속사도 된다.
(많은 영어단어가 이렇게 기능이 확대된다)

- **전치사로 쓰일 때** : 장소로 곡선으로 향하여(향하여)

  [예] the train for Seoul : 서울행 열차

- **접속사로 쓰일 때** : 이유로 곡선으로 향하여(왜냐하면)

  [예] He was at home, for he was tired.
  그는 집에 있었다. 왜냐하면 피곤했기 때문이다.

far (형용사, 부사) – 형용사도 되고 부사도 된다.

- **형용사로 쓰일 때** : 먼(장소), 아득한(시간)

  [예] a far country : 먼 나라.

- **부사로 쓰일 때** : 멀리(장소), 훨씬(정도)

  [예] I traveled far. : 나는 멀리까지 여행했다.

영어와 우리말의 사고방식 차이

영어를 잘 하려면 영어와 우리말의 사고방식이 차이가 있음을 알고 인정하는 것이다. 아래의 예시된 [문제]의 문장은 우리말과 영어가 어떤 사고의 차이가 있는지를 보여준다.

[문제]

아래의 문장을 해석해 보고 영어와 우리말의 의미 차이를 느껴보자.

(1) I am <u>coming.</u>

(2) The big clock <u>tells</u> the time.

(3) The thermometer <u>reads</u> 25 degrees.

(4) I <u>walked</u> my bicycle up a slope.

[풀이]

come

어머니가 "얘야 밥 먹어라"하고 부를 때 아이의 답

I am coming. 나는 오고 있어요.

이상하다. 분명히 "가고 있어요."라고 아이가 말해야 하는데 문장을 독해하면 '오고 있어요'로 해석된다. 기존의 방법으로 독해하면 이해가 안 된다.

영어의 come 은 "오다"가 핵심의미가 아니다.

'접근하다'가 핵심 의미다.

[기] 커진다, 커지면서 온다

[원] 오면 커진다 → 접근하다, 오다

[다] 오다, 생각이 떠오르다, ~이 된다

[예] come on. : 정신적 의미 – 힘내(커져라)
물질적 의미 – 이리 와

I am coming. : 나는 커지고 있는 중이다
→ 나는 접근하는 중이다. **(나는 접근하고 있어요)**

tell

The big clock tells the time.
큰 시계의 소리가 울리면서 알린다 – 그 시간을
*의역 : 그 큰 시계가 그 때를 알린다.

우리식 사고로 "시계가 말한다"라고 하면 안된다.
영어 표현 방식은 운동성을 중시한다. 따라서 **'시계가 움직이고 있다 즉 시계가 울리고 있다'**라고 이해해야 한다.

[원] tell : 울리면서 **알린다.**

read

The thermometer reads 25 degrees.
온도계의 눈금이 움직이면서 나타낸다 - 25도를
＊의역 : 온도계가 25도를 가리킨다.

영어의 표현 방식은 사물의 운동성을 중시한다. 따라서 온도계의 눈금이 움직이고 있다는 것을 의미 하므로 해석은 '온도계가 25도를 가리키고 있다.'로 해야 한다.

[원] read : 움직이면서 **나타낸다**

walk

I walked my bicycle up a hill.
나는 끌고 걸었다 - 나의 자전거를 - 언덕위로
＊의역 : 나는 자전거를 끌고 언덕위로 걸었다.

'나는 나의 자전거를 언덕위로 걸었다.'로 해석하면 내용이 이상해진다. 우리말은 조사로 단어의 역할을 결정하지만, 영어는 어순으로 단어 역할을 결정하고 이것이 현실적인 그림으로 그려지게 된다. 다시 의미 분석을 시도해 보자.

walk는 자동사이고 타동사이다. (거의 모든 동사가 그렇다)
walk : (타동사) 데리고 걷다. 걷게 하다

[원] walk : 데리고(끌고) **걷는다**

다용도인 영어단어

영어단어는 여러가지 의미를 내포하고 있으면서 다용도로 쓰인다는 점을 알자. 단순 직독으로 해석하면 의미 전달이 잘 안될 때가 있는데 이때는 다른 의미가 있음을 인지해야 한다. 영어단어는 우리말처럼 세세히 나누어진 말이 아니고 합쳐진 말이다.

영어단어는 여러 가지 의미가 모인 **'다용도 단어'**다.
아래의 문장을 통해 다용도로 쓰이는 단어 의미를 어떻게 해석하는지 느껴보자.

[문제] 아래의 문장을 독해하시오.

He nursed the plant along for three year.

[풀이]

- **잘못된 해석** : 그는 3년 동안 그 식물을 간호했다.
- **바른 해석** : 그는 3년 동안 그 식물을 키웠다.

nurse를 단순히 간호사로만 알고 있으면 독해하기가 어려워진다. 다용도의 단어를 이해하기 위해서는 여러 가지 의미의 공통점을 알아야 한다. 이것이 "원리분석법"인데 이를 적용하면 nurse의 의미는 간호사가 아니라 **'끌어안고 보살핀다'**이다. 즉 **'키운다'**라는 의미를 가지고 있음을 알 수 있다.

nurse [nəːrs] [너어스]

〈명사〉 간호사 / 유모, 보모

〈동사〉 간호하다

〈동사〉 끌어안다. ~에게 젖을 먹이다.

〈동사〉 (식물 등을) 기르다.

〈동사〉 (희망, 원한을) 마음에 품다.

〈동사〉 주의하여 다루다. 소중히 하다.

* 자동사, 타동사에 동시에 쓰인다.

위와 같이 많은 뜻을 어떻게 숙지하고 사용 할 수 있을까? 이를 우리말의 의미를 통해 풀어보면. nurse는 순우리말의 **"넣어서(너어서)"**와 통한다. 즉 '끌어안고 뭔가 (음식, 젓, 약 등)를 **넣어주는 사람과 그런 행동**' 이라고 생각하면 쉽게 해결된다.

nurse 느낌 탐구하기

[발음이 비슷한 우리말] : 넣어라(약을), 넣어서 → 너어서

[다양한 의미의 공통점] : 끌어안고 뭔가(음식, 젓, 약 등)를 **넣어주는 사람과 그런 행동.**

[문제] 아래의 문장을 독해하시오.

He wore a smile.

I wear a mustache.

[풀이]

첫 문장을 직독하면 '그는 미소를 입었다.'로 해석 되지만 이는 상당히 어색하다. 이럴때는 wear의 다중적인 의미를 생각해 '지니고 있다' 또는 **'머금고 있다'**는 의미로 해석해 '그는 미소를 머금고 있다.'로 해석해야 한다.
또한 두 번째 문장에서도 '나는 콧수염을 입고 있다'로 독해하면 어색하기 그지없다. 이럴 때도 wear의 다중적인 의미인 **'기른다'**를 적용해 '나는 콧수염을 기른다.'로 해석해야 한다.

wear [wɛəːr][웨어]

[기] 애써서 몸에 뭔가를 모운다

[원] wear 의 느낌 : 몸에 무엇인가를 붙인 상태와 몸에서 일어나는 현상.
즉 몸에 붙이는 모든 것을 나타낸다.
– 몸에 옷도 붙이고 미소도 붙이고 있다.

[다] 1. 입고(쓰고, 끼고, 차고, 신고) 있다, 몸에 지니고 있다
2. (수염을) 기르고 있다, (표정을) 띠다.
3. (마음에) 간직하고 있다.

[문제] 아래의 문장을 독해하시오.

I dressed her down.

[풀이]

'나는 그녀에게 아래로 옷을 입혔다'가 아니다. dress라는 단어를 '무겁게 드리우다'로 풀이하고, 드리우다는 천이 아래로 내려오는 것이고 정신적 의미의 '꾸짖다'를 적용해 '나는 그녀를 꾸짖었다.'로 해석해야 한다.

dress [dres]

[기] 드리우다. ＊드리워진 옷

[원] 천을 드리우다(정장하다), 드리우듯이 쓸어내린다(매만지다).

[다] 〈명사〉 옷, 복장, 정장, 예복

〈형용사〉 예복용의

〈동사〉 ~에게 옷을 입히다, 정장시키다

〈동사〉 (머리카락을) 손질하다, (말의) 털을 빗겨 주다

〈동사〉 (상처를) 치료하다.

〈동사〉 꾸짖다(down)

＊자동사, 타동사에 동시에 쓰인다.

have

※ 원안에 가지고 있다

[원] 나(주어)의 몸에 닿거나 손길이 미치는 반경의 소유공간을 가진다.
나를 중심으로 원을 가진다. 즉 **안을 수 있는 원안에 가지고 있다.**
우리말 중 가장 비슷한 말은 '품고 있다, 껴안고 있다.'이다.

[핵] 원안에 가지고 있다

- 주의 : 우리말 "가지다"와 큰 차이가 있다.
- 더 자세히 설명하면 : "원안에 가지고 있는 상태다."
  그래서 진행형을 쓰지 않는다. 단 "먹는다"등으로 쓰일 때는 예외다.
- 사역동사로 쓰일 때의 의미 : 어떤 상황을 가진다.
- '원안에 가지고 있다'를 have의 기본의미로 한다.

[기] 해처럼 둥글다(높다)

※ 우리말 '있다'를 영어로 작문할 때 2가지 길이 있다.

1. 어딘가에(어떤 장소) 있다 : There is(be)
   *점의 개념이다
2. 우리말 "가지고 있다"가 have로 연결된다. : have
   *원의 개념이다.

※ 우리말 "있다"를 영어로 작문할 때, 일단은 have 와 There is를 대입한다.

※ **우리말 '장소에 있다'를 제외한 모든 '있다'가 have로 연결된다.**

우리식 : 나는 누나가 1명 있다.

영어식 : **I have an elder sister.**[나는 원안에 가진다 – 한 명의 누나를]

∗어떤 장소에 있는 것이 아니면, 있다는 **'have'로 연결된다.**

[예문]

• 나에게 누나가 한명 **있다.** [유형적]

나는 **원안에 가진다** – 한 명의 누나를

I **have** an elder sister

• 그녀의 눈은 파란색**이다.** [유형적]

그녀는 **원안에 가진다** – 파란 눈을

She **has** blue eyes.

• 여행 잘 **갔다 와.** [장소적]

원안에 가져라 – 좋은 여행을

Have a good trip.

• 2월은 28일**이다.** [시간적]

2월은 **원안에 가진다** – 28일을.

February **has** 28 days.

• 좋은 시간 **되세요.** [시간적]

원안에 가져라 – 좋은 시간을

Have a good time.

get

※ 이동해서 접촉하다

[원] 이동하여 몸이나 손에 접촉한다 (go + touch)

[핵] **① 가서 접촉하다 ② 오는 것을 접촉하다**

* 이동해서 접촉하다

– 얻다[**물질적**], 이해하다[**정신적**], 도착하다[**장소적**], 되다[**시간적**]

※ **get** to do : ~하게 **되다**

[기] 가서 닿는다

[예문]

• 나를 나쁘게 **간주하지 마라**. 내 말 오해하지 마라. [무형적]

접촉하지 마라 – 나를 나쁘게

Don't **get** me worry.

• 우리는 서울에 **도착했다**. [장소적]

우리는 **접촉했다** – 서울에

We **got** to Seoul.

• 그녀의 병세가 호전 **되었다**. [시간적]

그녀는 **접촉하고 있는 중이다** – 나은 상태로

She is **getting** better.

get 동사와 인체

※ get동사를 사람의 인체와 연관시켜 기억해 보자.

두 뇌 (이해)	**이해했어.** 나는 **접촉했다** – 그것에 I got it. * Got it? (이해했니?)
가 슴 (명찰)	이름을 **가르쳐** 주세요. 내가 할 수 있느냐? **접촉한다** – 너의 이름에 Can I **get** your name?
손 (왼손에 시계)	시간 **있니?** **쭉 접촉하느냐?** –시간에 (Have you) **Got** a minute?
손 (오른손에 전화)	전화 **받아라.** **접촉하라** –그 전화에 **Get** the phone.

다 리 (이동)	내가 **갈게.** (대상에 접근) **나는 접촉할 것이다** –그것에 I will **get** it.
다 리 (이동)	**출발합시다.** **접촉하자** – 가는 것에 Let's **get** going.

기본운동성이 서로 비슷한 단어

get(이동해서 접촉하다), take(탁 잡다), hold(잡다)

CHAPTER 3

5대 접착제

영어문장의 형식 단순화하기

▣ 5형식과 3칸의 공간

영어문장의 기본구조는 5가지이다. 그 중에서 3형식이 핵심구조이다. 나머지는 3형식이 약간씩 변해서 된 것이다.

▶ 1형식

주어	동사	

• **해가 빛난다.**

The sun shines.

• **그는 그의 방안에 있다.** (그는 있다 -그의 방안에)

He is + in his room.

▶ 2형식

주어	동사	보어

• **나는 학생이다.** (나는 이다 -한 학생)

I am **a student.**

• **나는 행복하다.** (나는 이다 -행복한 상태)

I am **happy.**

• **그녀는 행복해 보인다.** (그녀는 보인다 -행복한 상태로)

She looks **happy.**

▶ 3형식 : 대표가 되는 형식이다.

주어	동사	목적어

※ 목적어는 고무줄이다. 줄어들면 1, 2형식이고, 길어지면 4, 5형식이 된다.

- **나는 그를 좋아한다.** (나는 좋아한다 –그를)

  I like **him.**

- **나는 그 학교에 도착했다.** (나는 ~에 도착했다 – 그 학교)

  I reached **the school.**

- **나는 어제 그녀를 만났다.** (나는 만났다 –그녀를 –어제)

  I met **her** yesterday.

▶ 4형식

주어	동사	사람, 사물

- **그는 그녀에게 책을 주었다.** (그는 주었다 –그녀에게 –책을)

  He gave **her a book.** – 4형식

- **나는 그녀에게 이 새 가방을 사주었다.**

  (나는 사주었다 –그녀에게 –이 새 가방을)

  I bought **her this new bag.** – 4형식

▶ 5형식

주어	동사	목적어, 목적보어

- **그는 그녀를 행복하게 만들었다.**

  (그는 애써서 만들었다 –그녀를 행복하게)

  He made **her happy.**

- **우리는 그녀를 회장으로 선출했다.**

  (우리는 선출했다 –그녀를 회장으로)

  We elected **her president.**

- **나는 그녀가 정직하다고 믿는다.**

  (나는 믿는다 –그녀가 –정직하다고)

  I believe **her honest.**

※ 5가지를 통합하면

주어 + 동사 + 고무줄목적어

주어	동사	고무줄목적어 ~

2형식과 오감

▣ 2형식 문장은 오감동사와 관련이 있다.

주어	동사	보어

look, sound, smell, taste, feel : **어떤 상태**로 ~ 한다.

*오감 – 안(눈), 이(귀), 비(코), 설(혀), 신(피부)

[예문]

She is happy. 그녀는 행복한 상태다.

She looks happy. (○) 그녀는 행복한 상태로 보인다.

she looks happily. (×) 그녀는 행복하게 보인다. (×)

※ 명사를 수식하지 않을 때 형용사를 **"어떤 상태"** 라고 해석하자.

She was pretty.	그녀는 예뻤다.	→	그녀는 **예쁜 상태**였다.
I am busy.	난 바쁘다.	→	나는 **바쁜 상태**다.
How are you?	너는 어떠냐?	→	너는 **어떤 상태**냐?
How are you today?	오늘 어때?	→	오늘 **어떤 상태**냐?

▣ 주어의 상태가 변화하는 것을 나타낸다.

become, come, go, grow, turn : **어떤 상태**가 되다.

[예문]

He become tired.
그는 지친 상태가 되다.(그는 지치다)

※ 2형식 동사의 특징 : 사물이 어떤 상태이다.

- 오감을 통하여 어떤 상태로 보인다(들린다 등)
- 변하면(이동하면) 어떤 상태가 된다.

5대 접착제

영어독해를 고속으로 하기 위해서는 기본문장에 단어를 붙이는 5대 접착제 즉 전치사, 관계대명사, 동분사와 부정사, 수동태와 완료형, 조동사를 이해하는 것이 중요하다.

'5대 접착제'란 무엇인가? – 문장을 길게 하는 5가지 요소

(1) 전치사

(2) 동분사 to부정사

(3) 수동태 완료형

(4) 조동사

(5) 관계대명사

주어	동사	고무줄목적어 ~	
전치사 동분사 to부정사 관계대명사	조동사 수동태 완료형	전치사 동분사 to부정사 관계대명사	전치사 동분사 to부정사 관계대명사

[첫음 기억법]

전자동 수조관리

전치사,
동분사 to부정사,
수동태와 완료형,
조동사,
관계대명사

▣ 전치사 : 주어 + 동사 + 목적어 + [전치사]

* 전치사는 접착제처럼 **단어를 연결**시키는 기능이 있다.

* **전치사는 2개의 위치관계를 설명한다.**
  전치사는 2개의 대상간의 '상하, 전후, 내외'의 위치관계를 나타낸다.
  또한 이동방향도 나타낸다.

▣ 관계대명사 : 앞 문장의 명사에 뒤 문장이 연결된다.

* **관계대명사는 문장을 연결**시키는 기능이 있다.
  일단 해석은 "그것은(그 사람은)" 이라고 해석하자.
  ex) who 그 사람은 / which, that 그것은

* that **관계대명사**
  [원리분석] 대단한 기능과 접착성을 가진다.
  1. 대단해서 여기저기 쓸 수 있다. (다양성)
     – who, whom, which 대신에 that을 쓴다.
  2. 접착성이 강해서 관계대명사의 계속적 용법
     (선행사, + that) 에는 쓰지 않는다.
     ① **한정적 용법** : 선행사 + who(which, that)
     ② **계속적 용법** : 선행사, + who(which)
        * 선행사 다음에 쉼표가 있다.

▣ 동분사(동사 +ing, ed), 부정사(to +동사) : 동사의 변형이다.

* 역시 연결시키는 기능이 있다.
  일단은 '하고 있는 중이다(동사 +ing), 당한 상태다(동사 +ed), 다음은(to +동사)' 이라고 해석하자. 그리고 어미를 적절히 3품사에 맞게 변형시킨다.

* 동명사와 분사를 합쳐 동분사(새용어)라고 하자.
  동분사 = 동명사 + 분사

* 동사의 모양을 변형시켜서 **명사, 형용사, 부사** 역할을 한다.

* [우리말 예문] 동사인 '달리다'가 3가지(3품사)로 변한다.

동사 – 아이가 달린다.
명사 – 달리기는 재미있다.
형용사 – 달리는 아이가 건강하다.
부사 – 달리면서 말한다.

▣ 수동태, 완료형

▶ 수동태[be +p.p]

* 주어가 정지 상태로 있다. 즉 가만히 있는다.
  주변에서 어떤 일이 저절로 일어난다.

• 수동태와 능동태의 차이는 뭘까요?

한강물에 배를 띄우자

① 노를 저으면 능동태 ② 그냥 놓아두면 수동태이다.

– 노를 젓지 않고 가만히 있으면 배는 아래로 움직인다.
– 수동태는 자신(주어)이 움직이지 않아도 저절로 되는 것, 이런 느낌이다.

* 수동태는 주어가 가만히 있고 움직이지 않아도 일어나는 일이다.
우리말 해석 : ~ **당하다(강)**, ~ **되어지다(약)**
느낌 : 강물에 노를 젓지 않아도 배가 흘러가는 느낌이다.

▶ **완료형**[have +p.p]

* 어떤 동작이 쭉 지속 되는 경우와 한 번 경험하는 경우가 있다.
(쭉이냐? 적이냐?)

▣ 조동사

* 동사 앞에 위치하면서,
주어[화자]의 다양한 심리 상태를 나타낸다.

* 문장에서 조동사가 보이면 :
'같다(추측)계열인지?', '해야만 한다(마음가짐) 계열인지?'를 먼저 파악해야 한다.

○ **어떤 사람이 하늘을 보고 이렇게 생각한다.**
"비가 올 것 같다. 빨래 걷어야지".
"추측과 결심" 이것이 조동사의 핵심이다.

기본문장에 단어를 붙이는 5대 접착제

▣ 전치사

Let's have lunch under the tree.

	Let's	have lunch	under the tree.

품자(먹자) – 점심을
~아래에 – 그 나무

▣ 동분사, to부정사

＊동분사

We enjoyed walking along the river.

We	enjoyed	walking	along the river.

우리는 즐겼다 – 걷기를
~따라 – 그 강

***to부정사**

I went to the park to meet my friend.

I	went		to the park to meet my friend.

나는 갔었다
~으로(다음은) – 그 공원 / 만나기 위해(다음은 만난다) – 나의 친구

*'전치사to, to부정사'를 일단 "다음은"으로 독해하자.

▣ 수동태, 현재 완료형

***능동태**

I visited him.

I	visited	him.	

나는 방문했다 – 그를

***수동태**

He was visited by me.

He	was visited		by me.

그는 있었다 – 방문 당했다
~에 의해서 – 나

＊현재 완료형

She has gone to America.

She	has gone		to America.

직역 : 그녀는 쭉 갔었다. – ~으로(~로 직선으로 향하여) – 미국

의역 : 미국에 가버렸다.

She has been to America.

She	has been		to America.

직역 : 그녀는 쭉 있었다. – ~으로(~로 직선으로 향하여) – 미국

의역 : 미국에 간적이 있다.

▣ 조동사

It must rain tomorrow.

It	must rain		tomorrow.

(것은) 틀림없이 비가 올 것 같다 – 내일

It may rain tomorrow.

(것은) 아마도 비가 올 것 같다 – 내일

＊It rains : (것은) **비가 온다.** / There is ~ : (곳에) **있다.**

▣ 관계대명사

The man **who** is sitting on the bench is my friend.

The man	is	my friend.
who is sitting on the bench		

그 남자는 이다 – 나의 친구
그는 앉아있다. – ~붙어서(붙어있다) 그 벤치

영어나 우리말이나 기본문장은 3단어로 구성되어있다.

다만 **우리말은 문장의 끝부분이 결론**이고 **영어는 앞부분이 결론**이다.

긴 영어문장을 보면 앞의 황금인 '주어, 동사, 고무줄 목적어'에서 핵심을 파악하고, 독해하기 어려우면 은인 단어는 일단 무시한다.

※ 5대 접착제의 자세한 내용은 다음 책에서 다룰 예정입니다.

특별부록 I

영어식 발성법과 듣기법

영어식 발성법과 듣기법

영어를 흔히 혀 꼬부라지는 소리라고 한다. 특히 [r]발음에 이런 것이 잘 나타난다. 영어발음을 할 때 혀끝을 약간 입 안쪽으로 둥글게 당겨보자. 이렇게 해서 발음하면 [d], [t]발음이 [ㄹ]발음과 서로 통한다.

- 이렇게 혀끝을 당겨서 발음하면 말하는 속도가 빨라진다.
- 이것이 영어 원어민의 말이 빠른 이유이다.

▣ 영어소리와 비슷한 소리 만들기

＊혀끝 당기기로 영어소리 내기

- 영어 발음을 할 때는 입안의 공간이 우리말 할 때보다 약간 커진다. 이렇게 약간 커진 상태에서는 소리의 울림이 좋아져 영어발음이 쉬워진다.
- [d], [t]발음과 [ㄹ]발음은 발음 할 때 혀의 모양이 비슷하다. 그래서 서로 소리가 비슷해진다.

  [예] water [워터] 가 [워러]로 변한다.

＊영어식 발성법

- 혀를 아래 그림처럼 약간 당기면 영미인의 발음과 비슷해진다. [r]발음을 하기 좋은 상태가 된다.

***우리말로 영어식 발성법 연습하기**

– '타' 소리를 내면서 혀를 당긴 상태를 유지한다.

타타타 타타타 타타타
혀끝을 당긴 채로

– '다' 소리를 내면서 혀를 당긴 상태를 유지한다.

다다다 다다다 다다다
혀끝을 당긴 채로

▣ 연음의 원리를 이해하면 발음이 좋아진다

자음과 모음의 연음법칙을 이해하면 영어의 발음이 좋아진다.

***자음의 연음법칙** : 주로 [d], [t] 발음이 [ㄹ] 발음으로 변한다.

혀끝을 당겨서 발음하면, 혀가 입천장에 착 붙는 발음인 [d], [t] 발음이 자연스레 우리말[ㄹ]과 통하게 된다.

▶ water [워터] 가 [워러]로 변하는 이유

– 혀끝을 당기고 발음하면 "터"가 다르게 발음된다.
: 우리말 발음과 큰 발음차이가 나타난다.

– 입천장소리인 "[d], [t]"발음이 '[ㄹ]'발음으로 변하는 연음현상을 만든다.

– 혀가 놓이는 발음 위치가 우리말 발성법보다 "ㄷ, ㄹ, ㅌ"이 서로 가까이 있게 되어 소리가 비슷해진다.

– 영어소리는 발음 속도가 빠르고, 강약이 있는 스치는 소리이다.

***모음의 연음 법칙** : 모음이 약화되면 주로 '어'로 변한다.

모음을 약하게 발음하면 대부분 '어'와 비슷하게 발음된다.

▣ 연음에 연연해 하지말자

영어의 연음에 연연하면 영어의 정확한 발음을 처음부터 내지 못한다. 그렇기 때문에 처음부터 연음에 연연해하지 말고 정확한 발음을 하면서 입천장에 닿는 소리에서 연음이 난다는 사실만 인지하면 된다.

▶ '연음이 있구나'하는 정도만 알면 OK

- 원음을 정확하게 발음하려고 노력하자.
- 연음이 되어도 발음은 비슷하다 : 발음 위치가 비슷하기 때문이다.
- 발음을 할 때 주로 혀가 입천장에 닿는 소리에서 연음이 일어난다.

▣ 팝송 듣기

팝송을 들어보면 발음에 대해서 깊이 알 수 있다.

왜냐하면 음악의 발음속도는 대화보다 느리고 연음은 더 심하다. 따라서 슬로우 비디오처럼 잘 관찰 할 수 있다.

▶ 팝송 듣는 법

1. 즐기면서 좋아하는 곡을 여러 번 고요히 듣는다.
2. 이어폰으로 들을 때 한쪽 이어폰을 빼고, 음악을 **중얼거리면서 따라 부른다.**
3. 따라 부를 때, 강한 집중력이 생긴다.

*** 정좌법(바르게 앉는 법)**

1. 바닥에 앉는 법 : 척추를 바르게 하고 바른 자세로 앉아서 듣는다.
2. 의자에 앉는 법 : 척추를 바르게 하고 듣는다.
3. 상황에 맞게 편한 자세로 듣는 법 : 척추에 부담이 안 되게 해야 한다.

영어동요(팝송) 학습법

※ **영어동요(팝송) 학습법이란?**

- 영어동요(팝송)로 단어를 익히고 영어동요(팝송)로 문장을 익히는 학습법이다.
- 동요학습법(팝송)은 발음학습에 특히 큰 도움이 된다.

▣ 어린이에게 아래와 같이 가르쳐 주세요

① 동요를 많이 듣고 **따라 부르고** 가수 흉내를 내어보게 한다.

② 노래를 다 익히고 난후 사람들(가족) 앞에서 **노래를 부르게 한다.**

③ 영어동요에서 리듬을 없애고 가사를 대화식으로 읽게 한다.

- 이때가 중요하다.
- 문장속의 단어를 하나씩 익히게 한다. 이때 해석을 해준다.
- 단어를 재미있게 가르쳐 준다.

④ 리듬을 없앤 가사를 **소리 내어 외우게 한다.**

- 발표를 시킨다. 그리고 칭찬을 해준다.

▣ 영어가사를 입으로 꼭 발음해야한다

* 입으로 발음하면 뇌의 많은 부분이 활성화되고 **집중력**이 높아진다.
* 영어듣기를 잘하고 싶으면 먼저 **입으로 말하는** 연습을 해야 한다.

* 팝송를 **3곡 정도** 숙지하면, 영어 학습의 새로운 길이 열린다.
  - 정기적으로 1곡씩 자기가 좋아하는 곡을 선정한다.
    그리고 재미있고 자연스럽게 학습한다.
* 영어발음을 할 때는 혀끝을 안으로 조금 **둥글게 당긴다.**
  - 지나치게 집착할 필요는 없다.
* 영어책을 읽을 때 **조금 빠르게 읽어야 한다.**
  - 우리말 책을 읽을 때도 조금 빠르게 읽어본다.
* **응용력과 배짱**을 키운다.
  - 명사 한단어만 말해도 어느 정도 의사전달이 된다.
  - 짧은 문장과 Please, OK 만으로도 어느 정도 회화가 된다.

[예] 나 밥 먹었어요, 나 맛있게 먹었어요, 나 즐거웠어요.

▣ 듣기법

소리의 질이 우리와 다르다는 것을 알고, 스치는 소리에 유의해서 듣는다.

스스스 스스스 스스스

① 소리를 듣고 그 의미를 파악하려고 긴장하지 말고, 소리를 음악처럼 그냥 듣는다.

② 소리를 있는 그대로 듣고 흉내 내어본다.

③ 영어로 된 영화를 보면서 의미파악을 일단 뒤로하고 우선 소리 그 자체를 명확하게 들으면, 그 다음에 저절로 의미 파악이 된다.

④ '아'인지 '어'인지 구별을 해야 의미파악을 할 수 있다.

⑤ 들리는 데로 소리 그 자체를 속으로 조금 따라하면서 듣는다.

⑥ 책을 읽을 때 모르는 단어가 있듯이 들을 때도 모르는 단어가 있다.

※ 듣고 말하기는 심장의 박동과 관련이 있다.
그래서 운동 후에 들으면 잘 들린다.

운동과 노동을 즐겨해야한다. 건강해야 영어도 잘 할 수 있다.

특별부록 Ⅱ

한글 모양의 비밀

영어학습의 지름길은 한글의 이해이다.

한글 모양의 비밀

영어단어의 발음을 한글로 표기해 보면 영어단어의 의미를 짐작할 수 있다. 왜 그럴까? 한글은 세계 최고의 발음기호이고 입안의 모양을 정교하게 그린 그림이다. 그리고 소리의 특징을 그린 그림이다.

● 한글은 모음 10개, 자음 14개이다.

- 모음 – 아 야 어 여 오 요 우 유 으 이
- 자음 – ㄱ ㄴ ㄷ ㄹ ㅁ ㅂ ㅅ ㅇ ㅈ ㅊ ㅋ ㅌ ㅍ ㅎ

● 모음과 자음을 잘 살펴보면 기본음은 모음이 5개, 자음이 5개다.

※ 한글의 기본 모음 5개

어 아	이	오 우
		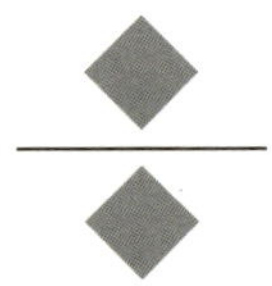
[좌우]	[중앙]	[상하]

※ 한글의 기본 자음 5개

ㄱ	ㄴ	ㅇ	ㅅ	ㅁ

나무	불	땅	쇠	물

1. 모음은 소리의 진행방향을 나타낸 기호

모음은 소리의 진행방향을 나타낸 기호라는 것을 아래 그림을 통해 알 수 있다. **'아, 어, 이, 오, 우'**가 기본 모음이다.

(1) **ㅏ(아)**는 소리가 경계선(수직선)을 넘어서 멀리 간다.

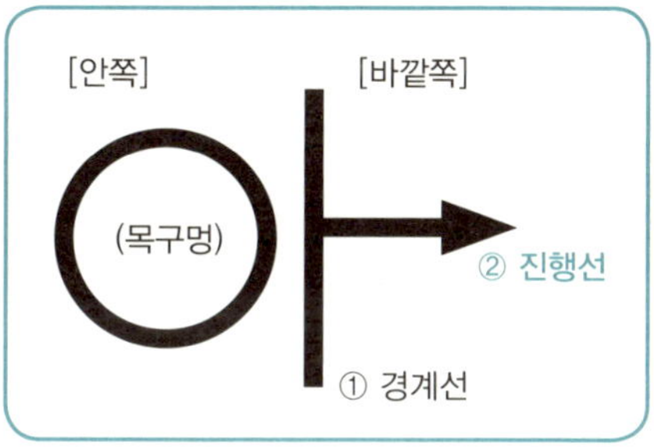

① 경계선(수직선)

위 그림에서 경계선은 기준선이고 어떤 공간의 경계선이다. 즉 집으로 보면 문이다. 입술 가까이에 손바닥을 대어보자. 이때의 손바닥이 안과 밖의 경계선이다.

② 진행선(수평선)

위 그림의 진행선은 소리의 진행방향을 나타낸다.
즉, 안에서 밖으로 나아가는 진행선이다

(2) **ㅓ(어)**는 소리가 경계선(수직선)안에 머문다.

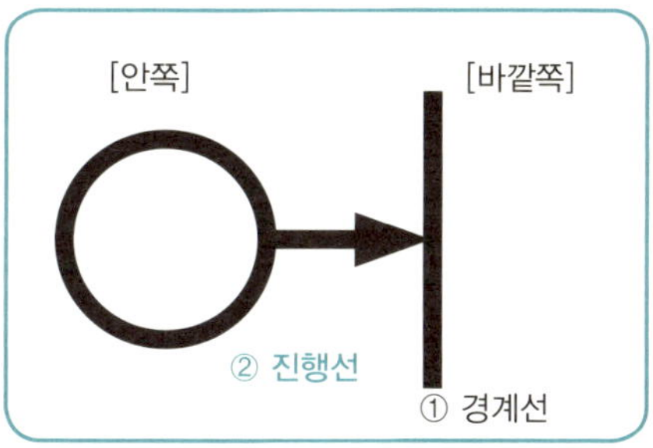

(3) ㅣ(이)는 소리가 경계선(수직선)에 모인다.

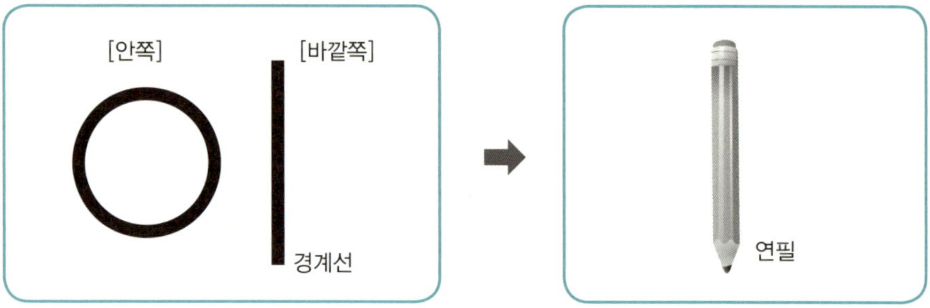

(4) ㅗ(오)는 소리가 경계선(수평선) 위로 오른다.

마치 아침 해가 떠오르듯이

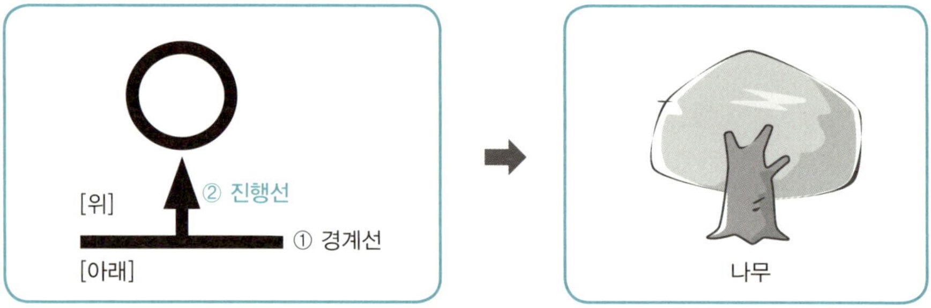

(5) ㅜ(우)는 소리가 경계선(수평선) 아래로 흐른다.

마치 저녁 해가 지듯이

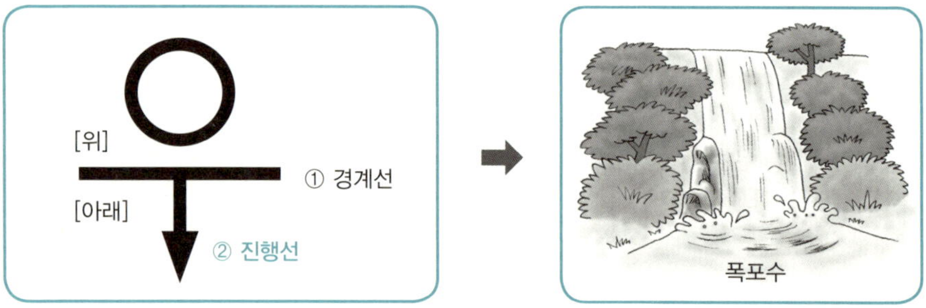

앞의 그림을 통한 설명에서 보듯이 이런 소리의 특징이 우리말과 영어(모든 언어)의 단어 의미에 영향을 미친다. 또한 모음소리를 낼 때 입의 크기는 사물의 크기를 표현하는 것이다.

▶ 입의 크기가 사물의 크기이다.

「아」를 발음할 때 입이 커진다.

「이」를 발음할 때 입이 작아진다.

[아] 아우르다 ⇒ 크다

아름드리 ⇒ 크다

※ 순 우리말 「아」음은 활발하게 움직이는 것에 많이 쓰인다.

[이] 이슬 ⇒ 작다

벼이삭 ⇒ 작다

● 모음 이해하기

＊ 콩돌이는 동글동글한 아이예요.

아	콩돌이가 문(선) 밖으로 나가요.
어	콩돌이가 문(선) 안에 있어요.
이	콩돌이가 문(선)에 기대어 있어요.
오	콩돌이가 산(계단) 위로 올라가요.
우	콩돌이가 산(계단) 아래로 내려가요.

※ 어린이에게 한글을 가르칠 때 사용하세요.

2. 자음은 입안의 모양을 그린 그림

자음은 입안의 모양을 그린 그림이다.
'ㄱ, ㄴ, ㅇ, ㅅ, ㅁ'이 기본 자음이다.

(1) ㄱ은 '기'라고 발음할 때의 혀의 모양이다. (어금니 소리)

ㄱ ㅋ

① ㅋ은 ㄱ + ㅡ → ㅋ

② ㄱ, ㅋ은 한 형제이다.

③ 모양이 나무 모양이라 나무의 특징을 가진다.

(2) ㄴ은 '니'라고 발음할 때의 혀의 모양이다. (혓소리)

ㄴ ㄷ ㄹ ㅌ

① ㄷ은 ㄴ + ㅡ → ㄷ
ㄹ은 ㄴ + ㄱ → ㄹ
ㅌ은 ㄴ + = → ㅌ

② ㄴ, ㄷ, ㄹ, ㅌ은 한 형제이다.

③ 모양이 불꽃이라 활동적인 불꽃의 특징을 가진다.

(3) ㅇ은 '잉'이라 발음할 때의 목구멍의 모양이다. (목구멍 소리)

목구멍의 단면도이다.

ㅇ	ㅎ

① ㅎ은 ㅇ + ㅗ → ㅎ

② ㅇ, ㅎ은 한 형제이다.

③ 모양이 둥근 땅이라 땅의 특징을 가진다.

(4) ㅅ은 '시'라고 발음할 때의 이빨의 모양이다. (잇소리)

이빨에 공기가 부딪치는 모양이다.

ㅅ	ㅈ	ㅊ

① ㅈ은 ㅅ + ㅡ → ㅈ

ㅊ은 ㅅ + ㅗ → ㅊ

② ㅅ, ㅈ, ㅊ은 한 형제이다.

③ 모양이 쇠(이빨 같이 딱딱한 것)에 바람이 부딪치는 모양이다.

쇠의 특징을 가진다.

(5) ㅁ은 '미'라고 발음할 때의 입술모양이다. (입술소리)

ㅁ　ㅂ　ㅍ

① ㅂ은 ㅁ + ‖ → ㅂ
　ㅍ은 ㅁ + = → ㅍ

② ㅁ, ㅂ, ㅍ은 한 형제이다.

③ 모양이 물 덩어리 모양이라 물의 특징을 가진다.

※ 이런 소리의 특징이 우리말과 영어(모든 언어)의 단어 의미에 영향을 미친다.

▶ 기본 자음과 느낌

기본자음	**ㄱ　ㄴ　ㅇ　ㅅ　ㅁ**
[암기법]	강　남　아　산　만 (강남으로 갈까요 아산만으로 갈까요)
발음위치	**어금니, 혀와 입천장, 목구멍, 앞이빨, 입술**
[암기법]	어　혀　목　이　입 (입안의 위치가 뒤에서 앞으로 이동한다)
느　낌	**나무　불　땅　쇠　물** 木　火　土　金　水
[암기법]	나무가 불에 타서 흙이 되고 굳어서 돌이 되고 돌 틈으로 물이 흐른다.

자음 이해하기

자음의 느낌을 살펴본다.

① 어금니 부위에서 소리가 발생하고 나무의 느낌과 통한다.

[ㄱ]

작은 나무

[ㅋ]

큰 나무

[ㄱ] 보다 [ㅋ]이 좀 키가 크다.
그리고 힘이 더 세다

② 혀가 입천장에 닿는 부위에서 소리가 발생하고,
불의 활동적인 느낌과 통한다.

[ㄴ]

작다, 가볍다, 높다

[ㄷ]

더디다, 어둡다(동굴)

[ㄹ]

달리다, 흐르다

[ㅌ]

터지다, 튀다

③ 목구멍 부위에서 소리가 발생하고 땅(산)의 느낌과 통한다.

[잉]

통의 진동

[ㅎ]

둥근 산

④ 앞니 부위에서 소리가 발생하고, 마찰의 느낌과 통한다.

[ㅅ]

문틈과 바람(약)
마찰점에서
부드럽게 샌다(약)

[ㅈ]

문틈과 바람(중)
마찰점에서
진동하면서 샌다(중)

[ㅊ]

문틈과 바람(강)
마찰점에서
치면서 샌다(강)

⑤ 입술 부위에서 소리가 발생하고 물의 느낌과 통한다.

[ㅁ]

물 덩어리
고여 있는 물

[ㅂ]

물줄기의 분출(물총)

[ㅍ]

물의 가는 분출(물총)

자음의 기본 느낌

아래의 내용을 구구단처럼 외우면 자음의 소리에너지를 느낄 수 있다. 외우면서 고요히 소리에너지를 느껴보자.

ㄱ : 기르다	
ㅋ : 키우다	
ㄴ : 날다	• 나풀나풀
ㄷ : 더디다	• 더디다(느리다, 둔하다)
ㄹ : 랄랄랄 흐르다	• 랄랄랄 랄랄랄 랄랄랄
ㅌ : 터지다	• 튀다
ㅇ : 윙 진동하다	• 윙, 웅성웅성
ㅎ : 하늘로 솟아오르다	
ㅅ : 스치다	• 술술
ㅈ : 지지다	• 줄줄
ㅊ : 치다	• 출렁대다
ㅁ : 뭉치다	• 몰리다, 몰려오다
ㅂ : 비처럼 흐르다	• 비, 바람
ㅍ : 피리소리처럼 세게 흐르다	

자음의 소리가 발생하는 위치

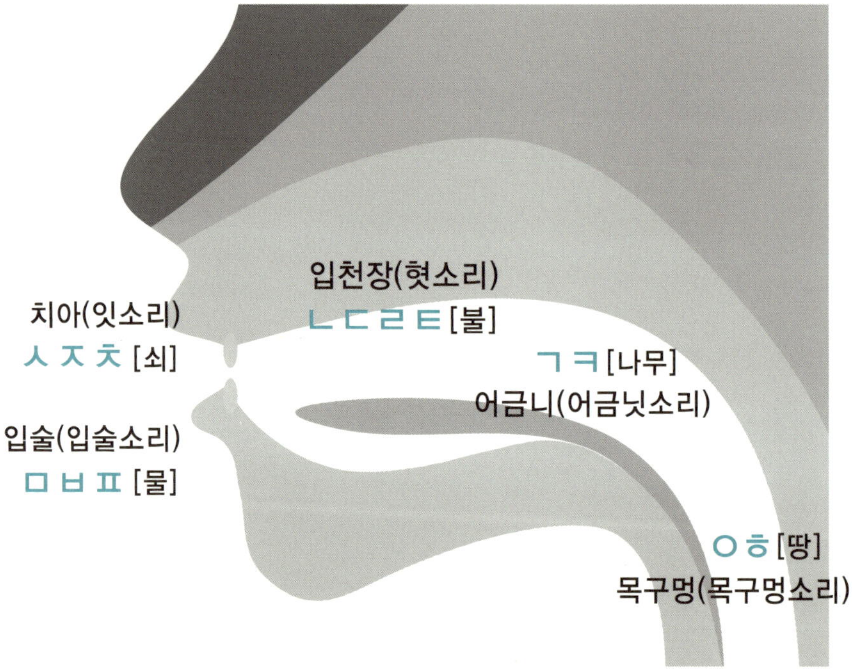

초판 1쇄 발행 2010년 7월 20일

지은이 | 이수지

발행인 | 김성환

디자인 | 박찬용

발행처 | 도서출판 시륜

주　소 | 경기도 시흥시 하중동 829-4

전　화 | 031-404-3110

인　쇄 | 대성인쇄사

값 10,000원